2011

Histoires de Bretagne

T1 : *Jusqu'au bout de la terre*

Récit complet

Scénario François Debois

Dessin Sandro Masin

Couleur Christophe Lacroix

Soleil Celtic

Contes de Bretagne

« Je n'ai pas l'imagination inventrice », écrivit un jour Anatole Le Braz à son ami Léon Dubreuil.
Peut-on y voir plus grand témoignage d'humilité, quand on connaît la production de l'auteur, et les vocations qu'il a suscitées chez ses semblables ?
Cet album est une adaptation très libre d'*Histoire Funèbre*, récit publié dans *Les Contes du vent et de la nuit* (parus entre septembre 1900 et décembre 1901 dans *Le Journal*). Il avait Plogoff comme décor initial, mais j'ai pris le parti de situer notre histoire à Étel, dans le Morbihan.
Les puristes m'excuseront cette transgression (parmi tant d'autres), qui s'explique d'une part par l'affection que je porte à l'embouchure de la ria depuis ma plus tendre enfance, d'autre part par les événements récents qui ont marqué « la barre ».

Je tiens à remercier Jean-Luc pour la mise en place de cette nouvelle collection, Sandro pour la qualité de notre collaboration,
et Nathan pour son coup de pouce en milieu d'album.

Cet album est dédié à mes parents, pour toutes les promenades que nous avons faites ensemble sous les embruns,
et à « Mister Albanovitch », fidèle gardien de la barre.

François Debois

Me voilà arrivé « Jusqu'au bout de la terre » et à la fin d'une belle aventure.
Peut-être le titre de cet album était-il prémonitoire.
C'est donc ici que nos chemins se séparent avec l'ami Fanch.
Il a décidé de prendre une autre route (ce que je respecte) et c'est donc au bout de cet album que nous nous séparons.
J'espère néanmoins que nos routes se recroiseront plus tard sur « un projet » qui nous tient à cœur à tous les deux...

Merci à JL pour cet album qu'il nous a permis de faire (même si « ce fut long »).
Merci à Audrey toujours aussi efficace.
Rien de nouveau sous le soleil pour le moment mais qui sait peut-être qu'un jour nous collaborerons de nouveau ensemble aussi.
Merci pour ces beaux albums que nous avons pu faire ensemble.
Je tiens aussi à remercier tous ceux, chers à mon cœur, qui m'ont soutenu dans les moments difficiles que j'ai pu avoir.

Bon vent et à tout bientôt... ici ou ailleurs...

Sandro

www.soleilceltic.com

Une collection dirigée par Jean-Luc Istin

Soleil
15, boulevard de Strasbourg
83000 Toulon - France

Soleil Paris
25, rue Titon - 75011 Paris - France

Conception graphique : Studio Soleil
Couverture : Nicolas Demare
Dépôt légal : Avril 2012 - ISBN : 978-2-302-02006-1
Première édition

Impression : Lesaffre - Tournai - France

C'ÉTAIT IL Y A VINGT ANS. J'ÉCRIVAIS "LA DERNIÈRE LANDE". VOUS VOUS RAPPELEZ PEUT-ÊTRE LA SCÈNE FINALE, CELLE QUI A PARU SI ABSURDE AUX UNS ET QUI A ÉTÉ TANT EXALTÉE PAR LES AUTRES. JE LUI VOULAIS UN CADRE EXTRAORDINAIRE QUI FÛT EN RAPPORT AVEC L'ÉTRANGETÉ DE LA SITUATION.
JE PARTIS DONC POUR LE MORBIHAN, ET M'INSTALLAI TANT BIEN QUE MAL DANS UNE CHAMBRE D'AUBERGE, À ÉTEL. JE SAVAIS QUE JE TROUVERAIS LÀ, DANS TOUTE SON HORREUR, LE PAYSAGE TRAGIQUE DONT J'AVAIS BESOIN.
689
VOUS EN AVEZ LU LA DESCRIPTION DANS MON LIVRE ; SOYEZ TRANQUILLES, JE N'AI NULLE ENVIE DE LA RECOMMENCER DE VIVE VOIX. IL FAUT CEPENDANT QUE JE VOUS DISE QU'ON ÉTAIT AUX DERNIERS JOURS D'OCTOBRE.
LES AUTOMNES DE BRETAGNE SONT SOUVENT ADMIRABLES. DE FAÇON GÉNÉRALE, D'AILLEURS, LES SAISONS DE TRANSITION ONT, DANS LES CONTRÉES OCCIDENTALES, UN CHARME SINGULIÈREMENT DOUX ET SUBTIL.
CETTE ANNÉE-LÀ, IL FAISAIT UN TEMPS EXCEPTIONNEL SUR LA RIA, QUI EST POURTANT À CETTE ÉPOQUE UN NID DE TEMPÊTES. LA MER, D'UNE MAJESTÉ UN PEU MASSIVE, COMME ALOURDIE, GARDAIT ENCORE À SA SURFACE DE GRANDES MOIRES DÉLICATEMENT NUANCÉES.

TU SIFFLERAS, QU'Y M'A DIT... TU SIFFLERAS...
PFIOUU...
J'AI TOUJOURS ÉTÉ FRIAND DES GRANDES SIESTES EN BARQUE, AU LARGE DE LA TERRE.
C'EST BIEN UN TRUC DE RUPIN, ÇA, D'SIFFLER.
JAMAIS JE N'AI MIEUX TRAVAILLÉ, NI D'UN ESPRIT PLUS DISPOS, QU'À CE LENT BERCEMENT DES HOULES, QU'À CETTE OSCILLATION GRAVE ET PROFONDE DONT LE RYTHME, PEU À PEU, COMMUNIQUE À LA PENSÉE QUELQUE CHOSE DE SA PUISSANCE ET DE SON AMPLEUR.
J'AVAIS FAIT UN MARCHÉ AVEC UN PATRON DE L'ENDROIT POUR PRENDRE LA MER, CHAQUE APRÈS-MIDI, LORSQUE VENTS ET MARÉES SERAIENT FAVORABLES.
TUDIEU !
SI VOUS VOULEZ SON NOM, IL S'APPELAIT JEAN-RENÉ GUILCHER.
NOUS DEVÎNMES TOUT DE SUITE UNE PAIRE D'AMIS.

MAIS CHAQUE JOUR, DEPUIS LE LEVER DU SOLEIL JUSQU'À SON ZÉNITH, JEAN-RENÉ, COMME TANT D'AUTRES, PÊCHAIT LA SARDINE...
J'AI ENTENDU CRIER.
DES ENFANTS QUI JOUENT, CERTAINEMENT... VIENS PAR ICI.
... CE QUI NOUS LAISSAIT, SA FEMME ET MOI, DANS LE TROUBLE DES PERSONNES DÉSŒUVRÉES.
J'TE DIS QU'J'AI ENTENDU QUE'QU'CHOSE.
LES CHALOUPES !! ELLES RENTRENT AU PORT !
FOUTREDIABLE ! TU PARLES D'UNE ANNONCE DISCRÈTE !
TU REVIENDRAS... DEMAIN ?
ÇA SE POURRAIT BIEN, SI TU ME PROMETS D'ÊTRE UN PEU PLUS HARDIE QU'AUJOURD'HUI...
... ET SI TON MARI NE ME NOIE PAS EN PLEINE MER ! À DIEU VAT, MA BELLE !
TU M'AS DIT QUE TU SAVAIS SIFFLER !
ET VOUS, VOUS M'AVEZ DIT QU'ÇA DURERAIT PAS PLUS D'UNE HEURE !
TU CONNAIS PAS ENCORE LES FEMMES, TOI.
P'TÊT' PAS, MAIS J'M'Y CONNAIS EN AFFAIRES.
03.

*TÊTES DE SARDINES, NOM DONNÉ AUX FEMMES QUI TRAVAILLAIENT DANS LES CONSERVERIES.

SAUF VOTRE RESPECT, EST-CE QUE LE BOURGEOIS A L'INTENTION DE "SORTIR" AUJOURD'HUI ?
POURQUOI NON, JEAN-RENÉ ? LA JOURNÉE S'ANNONCE SPLENDIDE.
VOUS N'AVEZ PEUT-ÊTRE PAS RÉFLÉCHI, MONSIEUR, QUE C'EST AUJOURD'HUI LA FÊTE DE TOUS LES SAINTS ?
HUM... JE N'Y AVAIS PAS SONGÉ, EN EFFET. C'EST VRAI QUE J'AI ENTENDU CARILLONNER TOUTES LES CLOCHES D'ÉTEL À SAINT-CADO, MAIS DANS CE DIABLE DE PAYS, LES CLOCHES SONT PRESQUE TOUJOURS EN BRANLE POUR UNE RAISON OU POUR UNE AUTRE.
ALORS, JEAN-RENÉ, VOUS DÉSIREZ AVOIR VOTRE JOURNÉE À VOUS ?
QUE NON PAS, MONSIEUR... CE QUE J'EN AI DIT, C'EST AUTANT POUR VOUS QUE POUR MOI. MARCHÉ CONCLU DOIT SE TENIR. JE SUIS À VOS ORDRES POUR L'HEURE HABITUELLE.
JUSQU'OÙ SOUHAITEZ-VOUS QU'ON NAVIGUE ?
MAIS JUSQU'AU BOUT DE LA TERRE, JEAN-RENÉ...
... JUSQU'AU BOUT DE LA TERRE...

CONSERVERIE ROD

EST-CE QUE JE DOIS INTERPRÉTER VOTRE SILENCE COMME UN SIGNE DE RECUEILLEMENT PIEUX ?
NON, C'EST PAS ÇA, MONSIEUR...
EH BIEN QUOI, ALORS ?
CE SONT LES GENS DU VILLAGE...
ILS DISENT...
ILS DISENT QUE C'EST PAS CATHOLIQUE QUE DEUX HOMMES SORTENT EN MER TOUT LE TEMPS COMME ÇA...
C'EST POURTANT BIEN LE CAS QUAND VOUS ET VOTRE ÉQUIPAGE PARTEZ PÊCHER, NON ?
OUI, MONSIEUR... MAIS SAUF VOTRE RESPECT, VOUS N'ÊTES PAS PÊCHEUR...
ENFIN, SI VOUS VOYEZ CE QUE JE VEUX DIRE...
PAS VRAIMENT, JEAN-RENÉ, EXPLIQUEZ-MOI.
BEN, ILS DISENT...
JE SAIS QUE C'EST QUE DES RACONTARDS, MAIS JE VOUS AIME BIEN ALORS J'PRÉFÈRE QUE VOUS L'SACHIEZ...
ILS DISENT QUE LES HOMMES QUI ONT DES LETTRES...
EH BEN...
... ILS AIMENT PAS LES FEMMES.
HA HA HA !

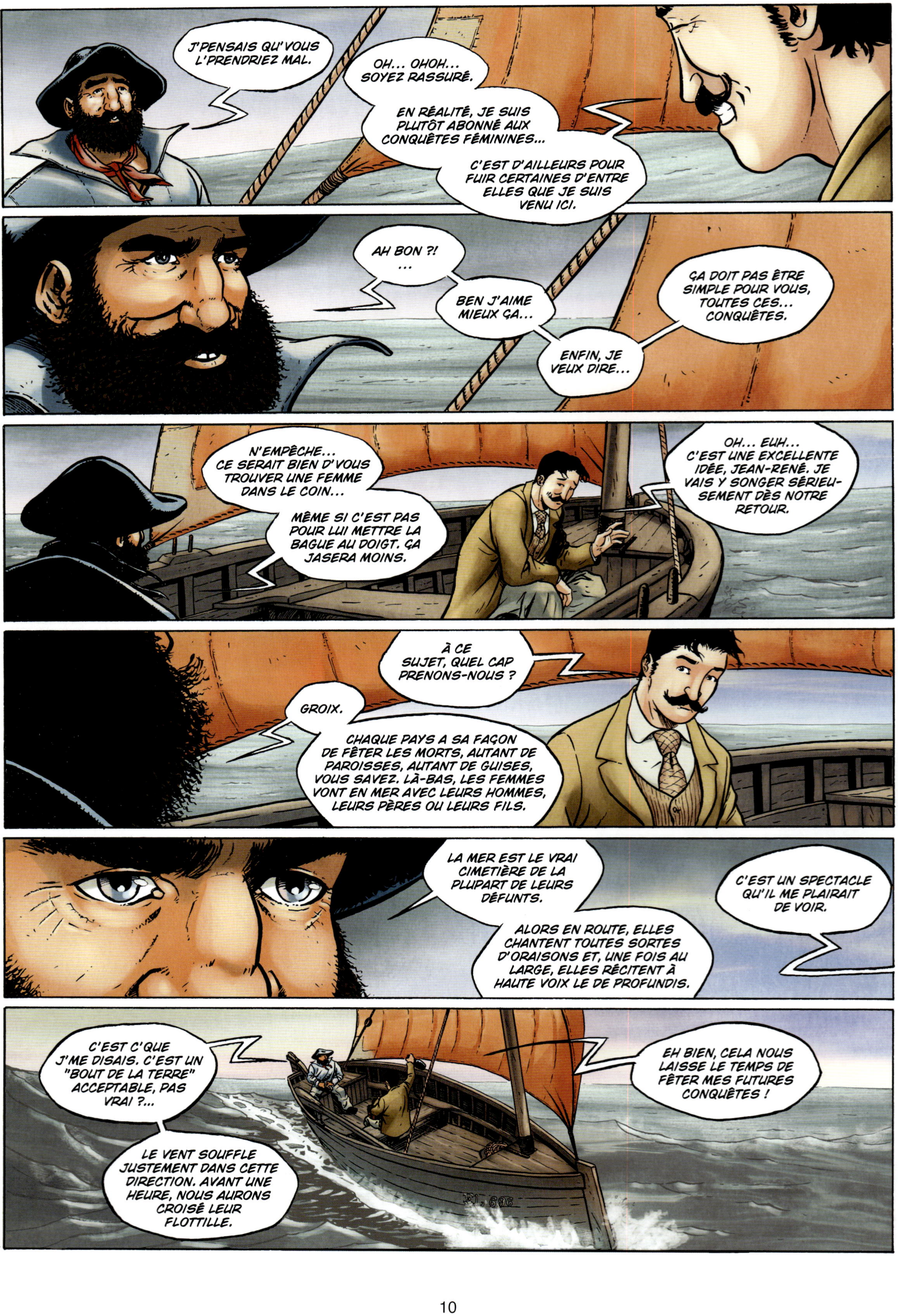
J'PENSAIS QU'VOUS L'PRENDRIEZ MAL.
OH... OHOH... SOYEZ RASSURÉ.
EN RÉALITÉ, JE SUIS PLUTÔT ABONNÉ AUX CONQUÊTES FÉMININES...
C'EST D'AILLEURS POUR FUIR CERTAINES D'ENTRE ELLES QUE JE SUIS VENU ICI.
AH BON ?! ...
BEN J'AIME MIEUX ÇA...
ENFIN, JE VEUX DIRE...
ÇA DOIT PAS ÊTRE SIMPLE POUR VOUS, TOUTES CES... CONQUÊTES.
N'EMPÊCHE... CE SERAIT BIEN D'VOUS TROUVER UNE FEMME DANS LE COIN...
MÊME SI C'EST PAS POUR LUI METTRE LA BAGUE AU DOIGT. ÇA JASERA MOINS.
OH... EUH... C'EST UNE EXCELLENTE IDÉE, JEAN-RENÉ. JE VAIS Y SONGER SÉRIEU-SEMENT DÈS NOTRE RETOUR.
À CE SUJET, QUEL CAP PRENONS-NOUS ?
GROIX.
CHAQUE PAYS A SA FAÇON DE FÊTER LES MORTS, AUTANT DE PAROISSES, AUTANT DE GUISES, VOUS SAVEZ. LÀ-BAS, LES FEMMES VONT EN MER AVEC LEURS HOMMES, LEURS PÈRES OU LEURS FILS.
LA MER EST LE VRAI CIMETIÈRE DE LA PLUPART DE LEURS DÉFUNTS.
ALORS EN ROUTE, ELLES CHANTENT TOUTES SORTES D'ORAISONS ET, UNE FOIS AU LARGE, ELLES RÉCITENT À HAUTE VOIX LE DE PROFUNDIS.
C'EST UN SPECTACLE QU'IL ME PLAIRAIT DE VOIR.
C'EST C'QUE J'ME DISAIS. C'EST UN "BOUT DE LA TERRE" ACCEPTABLE, PAS VRAI ?...
LE VENT SOUFFLE JUSTEMENT DANS CETTE DIRECTION. AVANT UNE HEURE, NOUS AURONS CROISÉ LEUR FLOTTILLE.
EH BIEN, CELA NOUS LAISSE LE TEMPS DE FÊTER MES FUTURES CONQUÊTES !

M'SIEUR RIO. RÉVEILLEZ-VOUS.
HUMMM... IL N'Y A PERSONNE À L'EAU ?...
NOUS SOMMES ARRIVÉS TROP TARD, CERTAINEMENT.
MAUDIT SORT... EH BIEN, RETOURNONS À TERRE EN CE CAS, LE TEMPS COMMENCE À FRAÎCHIR.
COMME VOUS VOUDREZ.
QUELQUE CHOSE NE VA PAS ?
LE VENT CALMIT... NOUS NE SERONS PAS RENTRÉS AVANT LA NUIT.
HUM... MA TÊTE... JE N'AURAIS PAS DÛ ABUSER DE CE MAUVAIS VIN...
QU'EST-CE QUE VOUS FAITES ?!
IL... IL FAUT QU'ON ATTENDE QUE LA LUNE SOIT LEVÉE POUR FRANCHIR LA BARRE.
QUOI ?! QU'EST-CE QUE C'EST QUE CETTE HISTOIRE DE LUNE ? VOULEZ-VOUS ME RAMENER À TERRE, OUI OU NON ?
MONSIEUR RIO, VOUS POUVEZ ME CROIRE. NE TENTONS PAS LA BARRE AVANT UNE HEURE OU DEUX. NOUS SOMMES AU SOIR DE LA TOUSSAINT...
CETTE NUIT N'EST PAS SEMBLABLE AUX AUTRES. JE FERAI CE QU'IL VOUS PLAIRA, VOUS SAVEZ BIEN. MAIS JE VOUS EN PRIE, PATIENTEZ ENCORE UN PEU... RIEN QU'UN PEU.

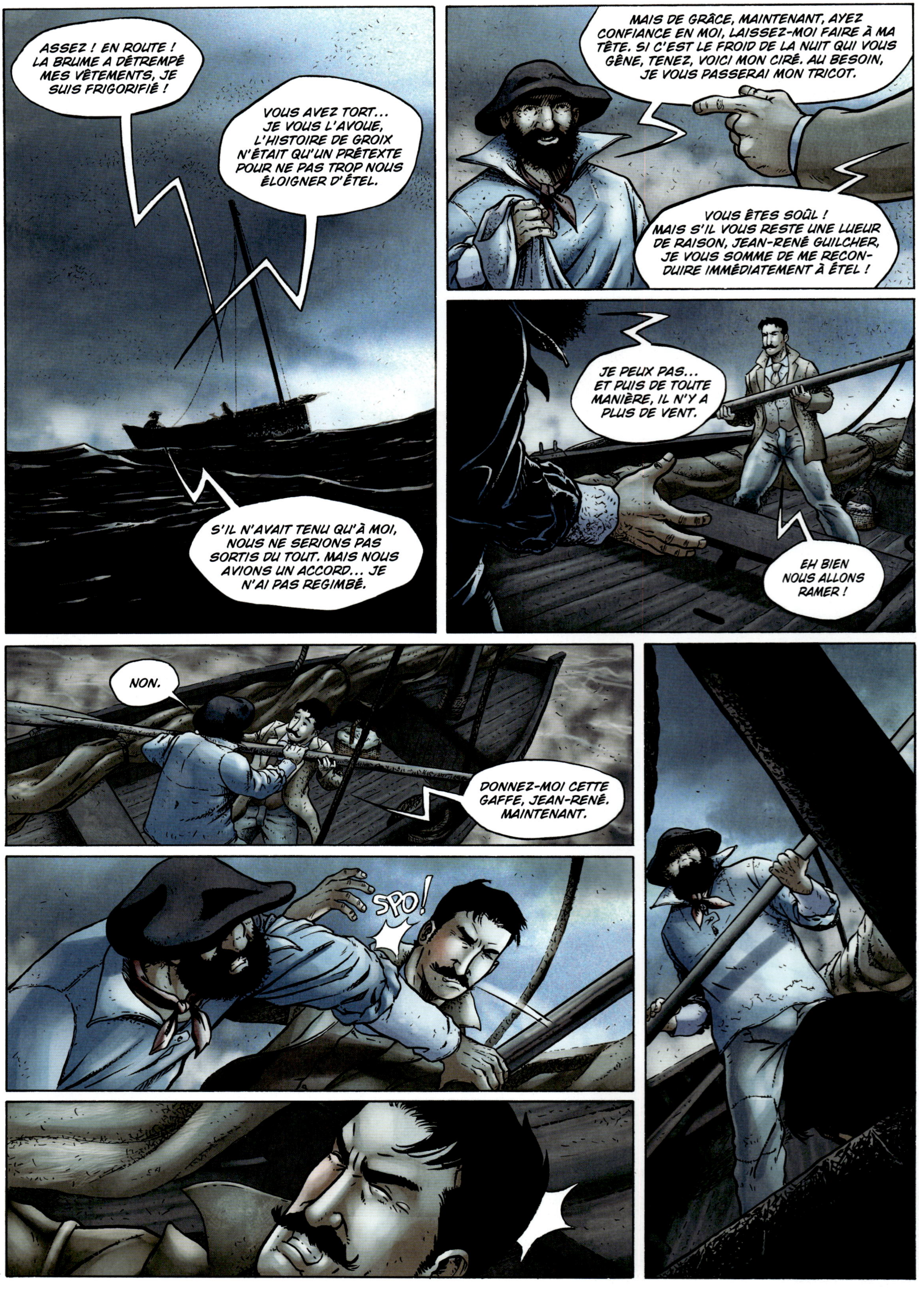
ASSEZ ! EN ROUTE ! LA BRUME A DÉTREMPÉ MES VÊTEMENTS, JE SUIS FRIGORIFIÉ !
VOUS AVEZ TORT... JE VOUS L'AVOUE, L'HISTOIRE DE GROIX N'ÉTAIT QU'UN PRÉTEXTE POUR NE PAS TROP NOUS ÉLOIGNER D'ÉTEL.
S'IL N'AVAIT TENU QU'À MOI, NOUS NE SERIONS PAS SORTIS DU TOUT. MAIS NOUS AVIONS UN ACCORD... JE N'AI PAS REGIMBÉ.
MAIS DE GRÂCE, MAINTENANT, AYEZ CONFIANCE EN MOI, LAISSEZ-MOI FAIRE À MA TÊTE. SI C'EST LE FROID DE LA NUIT QUI VOUS GÊNE, TENEZ, VOICI MON CIRÉ. AU BESOIN, JE VOUS PASSERAI MON TRICOT.
VOUS ÊTES SOÛL ! MAIS S'IL VOUS RESTE UNE LUEUR DE RAISON, JEAN-RENÉ GUILCHER, JE VOUS SOMME DE ME RECONDUIRE IMMÉDIATEMENT À ÉTEL !
JE PEUX PAS... ET PUIS DE TOUTE MANIÈRE, IL N'Y A PLUS DE VENT.
EH BIEN NOUS ALLONS RAMER !
NON.
DONNEZ-MOI CETTE GAFFE, JEAN-RENÉ. MAINTENANT.
SPO!

DONG DONG
... UNG... LES CLOCHES... VÊPRES... FROID... TELLEMENT FROID...
... LE BROUILLARD... C'EST PAS VRAI...
MAUDITE TÊTE DE MULE... DANS QUEL PÉTRIN EST-CE QUE VOUS NOUS AVEZ FOURRÉS ?!...
ET POURQUOI M'AVOIR ATTACHÉ ?!
J'AVAIS PAS LE CHOIX... VOUS VOULIEZ PAS ENTENDRE RAISON...
RAISON ?! ALLEZ-VOUS ENFIN M'EXPLIQUER CE QUI SE PASSE ICI ?
DE GRÂCE, CRIEZ PAS, VOUS ALLEZ LES ATTIRER. ME FORCEZ PAS À VOUS BÂILLONNER, MONSIEUR RIO.
À L'AIDE !! QUELQU'UN ! À L'AIDE !!
ARRÊTEZ !
JE VOUS EN CONJURE... ARRÊT... WHOA !
?!
POC!
DIEU NOUS GARDE ! CE SONT EUX ! ON N'ÉCHAPPE PAS AU DESTIN !
EUX ?! MAIS DE QUI PARLEZ-VOUS, JEAN-RENÉ ?
LES NOYÉS DE LA BARRE... À LA TOUSSAINT... ILS... ILS MONTENT À BORD DES BATEAUX !
LES DÉFUNTS ?! FADAISES QUE TOUT CELA !
NON... TOUT LE MONDE LE SAIT PAR ICI... LES ÂMES QUI N'ONT PAS TROUVÉ LE REPOS... ELLES SONT ATTIRÉES PAR LES VIVANTS...

NOUS TOURNONS EN ROND... ILS SONT LÀ... LES MORTS !... ILS CRAMPONNENT LE FLANC POUR NOUS GARDER AVEC EUX !
?!
AU NOM DE DIEU, N'AYEZ L'AIR DE VOUS APERCEVOIR DE RIEN OU NOUS SOMMES PERDUS !
FAITES COMME MOI, NE BOUGEZ PAS D'UNE LIGNE ET RETENEZ MÊME VOTRE SOUFFLE !
QU'EST-CE QUE VOUS FAITES ?! NON !!
LA VOILÀ, VOTRE ÂME ERRANTE !!
UNE NASSE... C'EST UNE VIEILLE NASSE...
VOUS ÊTES RASSURÉ, MAINTENANT ?!
JE...
AIDEZ-MOI À LIBÉRER LE GOUVERNAIL, ESPÈCE DE FROUSSARD !
IL N'Y A PAS PLUS D'ESPRITS QUE DE VISIBILITÉ ICI !!
MAIS... LES ESPRITS ?
12.

ET MAINTENANT... COMMENT RETROUVER LE CHEMIN D'ÉTEL ? ON VA CREVER DE FROID !
LES COURANTS SONT FORTS DANS LE COIN, AVEC LA MARÉE... DIEU SEUL SAIT OÙ NOUS NOUS TROUVONS.
JE VOUS JURE QUE NOUS REPARLERONS DE TOUT ÇA, JEAN-RENÉ... NOUS...
LE VENT... DIEU SOIT LOUÉ, LE VENT SE LÈVE !
ÇA DEVRAIT NOUS AIDER À TROUVER UN POINT DE REPÈR...
PAR TOUTES LES VIERGES EFFAROUCHÉES, C'EST ÉTEL !
HAHAHA ! DEPUIS LE DÉBUT, NOUS ÉTIONS À ÉTEL !
BEN ÇA, ALORS...
JE PENSE QUE LES VILLAGEOIS AURONT MATIÈRE POUR LES "RACONTARDS" DE DEMAIN...
ET QUE JE NE SERAI PAS LEUR SEUL SUJET D'ÉTUDE...
GRRMM...
IL FALLAIT PARLER, JEAN-RENÉ. VOUS M'AURIEZ ÉPARGNÉ CE CAUCHEMAR... ET...
ATCHA !
... LA PNEUMONIE QUI M'ATTEND.
À DIEU VAT !

CETTE NUIT-LÀ, JE FIS DES RÊVES DE MORT. J'ÉTAIS NU, ALLONGÉ SUR UNE ROCHE BALAYÉE PAR LES VAGUES.
UN FOU DE BASSAN ME DÉVORAIT LES ENTRAILLES. IL AVAIT DES YEUX TRISTES, DES YEUX DE FEMME. ENTRE DEUX LAMBEAUX DE CHAIR ARRACHÉS, IL SIFFLAIT UN DE PROFUNDIS D'UNE GRANDE MÉLANCOLIE.
JE RIAIS. J'ÉTAIS UN DÉMENT.
UNE PARTIE DE MOI SOUHAITAIT QUE TOUT S'ACHÈVE...
... MAIS UNE AUTRE PRESSENTAIT QUE LA RÉALITÉ ÉTAIT BIEN PIRE QUE LE RÊVE.
MADAME LE GUENNEC ? J'ESPÈRE QUE VOUS AVEZ DE QUOI NOURRIR UNE ARMÉE...
... PARCE QUE J'AI UNE FAIM DE... ?!
MADAME LE GUENNEC ?
HUM... DIMANCHE... FOUTUES GRENOUILLES DE BÉNITIERS... BAH, LE BON DIEU ME PARDONNERA BIEN UNE PETITE ENTORSE AU RÈGLEMENT...
GROOING...
OÙ CACHES-TU TES RÉSERVES, LA TENANCIÈRE ?
?!
ET VOUS APPELEZ ÇA UNE AUBERGE ?!

PRENEZ GARDE, BRAVES PAROISSIENS, VOILÀ L'INVERTI QUI VIENT CONFESSER SES PÉCHÉS !
BOULANGERIE
IL ME RESTE JUSTE À ESPÉRER QUE JEAN-RENÉ S'EST BIEN RÉVEILLÉ CE MATIN...
... SANS QUOI JE N'AURAI PAS D'AUTRE CHOIX QUE DE L'ÉPOUSER POUR FAIRE TAIRE LES JASERIES !
?!

OHÉ ?!
CAFE du CENTRE
'Y A QUELQU'UN ?!
EL 371
'Y A QUELQU'UN ?!
MONSIEUR RIO !
JEAN-RENÉ ?!
QU'EST-CE QUI SE PASSE ?! OÙ SONT-ILS PASSÉS, TOUS ?!
JE... J'EN SAIS RIEN... QUAND J'ME SUIS COUCHÉ HIER SOIR, MA FEMME ÉTAIT PAS LÀ... J'AI SUPPOSÉ QU'ELLE ÉTAIT PARTIE CHEZ SA COUSINE...
AU DIABLE VOTRE FEMME, JEAN-RENÉ ! OÙ SONT LES AUTRES, TOUS LES AUTRES ?!
BEN... 'Y A PEUT-ÊTRE UNE EXPLICATION...
... C'EST LA GUERRE QU'A DÉMARRÉ !
LA GUERRE ?!

COMME ÇA ... DURANT LA NUIT ?... OU MÊME CE MATIN ?? NON, IMPOSSIBLE.
BEN, ÇA EXPLIQUERAIT BIEN DES CHOSES POURTANT !
RÉFLÉCHISSEZ UN MOMENT, BÊTA... ÉTEL EST TOTALEMENT À L'ABANDON... DÉSERTÉ !
UN GRAND RASSEMBLEMENT PAREIL AURAIT FAIT UN RAMDAM ÉPOUVANTABLE !!
POUR MA PART, J'AI LE SOMMEIL PROFOND, MAIS QUAND MÊME...
MAINTENANT... SI LA GUERRE A BIEN ÉTÉ DÉCLARÉE, JE NE VOIS QU'UN ENDROIT OÙ ALLER POUR S'EN ASSURER.
OÙ ÇA ?
AU BUREAU DES POSTES, PARDI !
SI NOUS SOMMES ENTRÉS EN GUERRE CONTRE CES MAUDITS PRUSSIENS, LA MARÉCHAUSSÉE A FATALEMENT ÉTÉ INFORMÉE D'UNE MOBILISATION ET DANS UN PETIT BOURG COMME ICI, LA SEULE FAÇON DE FAIRE PASSER LE MESSAGE, C'EST LE TÉLÉGRAMME !
17

HHHHHHIIIINNNN!!
BEN LÀ NON PLUS, 'Y A PERSONNE...
HUM, ÇA DOIT ÊTRE ÇA !
C'EST FORCÉMENT ICI...
... RIEN DE RIEN !
IL N'Y A QUE CELUI-LÀ QUI EST BIEN ÉTRANGE...
VOUS CROYEZ QUE J'SAIS LIRE, PEUT-ÊTRE ?

MOUAIS, ÉVIDEMMENT... BON, JE VOUS LE LIS MOT POUR MOT...
"PERSONNE ? TROUVEZ TÉLÉPHONE VANNES 20H."
ÇA VEUT PAS DIRE GRAND-CHOSE !
JE N'EN SAIS RIEN... JE...
TROUVEZ-MOI QUELQUE CHOSE À MANGER, JEAN-RENÉ... N'IMPORTE QUOI, MAIS À MANGER !
ENCORE UNE VEINE QUE J'SACHE PÊCHER !
POSTE
L'APPÉTIT ET LA FAIM NE TROUVENT JAMAIS MAUVAIS PAIN...
BON, RÉFLÉCHISSONS, IL S'EST CERTAINEMENT PASSÉ QUELQUE CHOSE POUR QUE TOUT LE MONDE FUIE DE LA SORTE.
PAS LA GUERRE, MAIS QUELQUE CHOSE...
POUR SÛR !

BON ! ON NE PEUT PAS RESTER ICI, DE TOUTE FAÇON...
OÙ QUE SOIENT PASSÉS LES AUTRES, IL FAUT QU'ON LES RETROUVE !
POUR SÛR...
ON VA DONC DE CE PAS SE RENDRE À VANNES !!
BEN, C'EST QUE VANNES, C'EST PAS NON PLUS TOUT À CÔTÉ...
VOUS AVEZ RAISON, JEAN-RENÉ, C'EST UN PÉRIPLE ET IL FAUT NOUS ÉQUIPER.
VENEZ !
IL RESTE UNE LOTTE ET DEUX PETITS MERLUS POUR CE SOIR !
UN LAVABO... IL NOUS FAUDRA DE L'EAU.
HOU, ET J'AI LE FUSIL DE MON ONCLE À LA MAISON ! JE M'EN SUIS JAMAIS SERVI, MAIS SI ON DOIT CHASSER...
PARFAIT !
ET PRENEZ UNE CORDE ET QUELQUES OUTILS SI VOUS AVEZ... MARTEAU, COUTEAU...
N'IMPORTE QUOI D'UTILE QUI NE SOIT NI LOURD NI ENCOMBRANT !
MOUAIS, C'EST PAS LE PÉROU, MAIS ÇA FERA BIEN L'AFFAIRE !

L'ENNUI, C'EST QUE LES CH'VAUX SONT PLUS LÀ NON PLUS...
ON VA QUAND MÊME PAS ALLER À VANNES À PIED !
MONSIEUR ANDRÉ ?
COMMENT ON VA FAIRE POUR TIRER UNE CARRIOLE JUSQU'AU CHEF-LIEU DU DIOCÈSE SANS CANASSON ?!?
QU'À CELA NE TIENNE, MON BRAVE AMI, J'AI DE BIEN MEILLEURS DESTRIERS...
BOND'LÀ !... DES VÉLOS !!
NOUS N'AVONS PAS DE TEMPS À PERDRE. MONTEZ.
MAIS... J'SUIS JAMAIS MONTÉ SUR UN TRUC COMME ÇA, MOI !
EH BIEN, C'EST L'OCCASION OU JAMAIS D'ESSAYER. NOUS IRONS DEUX FOIS PLUS VITE QU'À PIED...
... CE QUI NOUS DONNERA PEUT-ÊTRE UNE CHANCE DE LES RATTRAPER.
POSEZ VOTRE PIED ICI ET APPUYEZ FORT !
WHOAAA !!
VOUS VOUS EN SORTEZ COMME UN CHEF !
21

'Y A QUELQU'UN ?!
QUELQU'UN ?!
NOUS AURIONS FORCÉMENT DÛ CROISER QUELQU'UN DEPUIS QUE NOUS AVONS QUITTÉ ÉTEL.
JE CONNAIS LE TEMPÉRAMENT ABRUPT DE CERTAINS PÊCHEURS BRETONS... MAIS JE NE PEUX IMAGINER QU'ILS AIENT PU QUITTER LEUR MAISON AUSSI FACILEMENT.
ET PUIS, POUR CELA, IL AURAIT FALLU LES PRÉVENIR TOUS, MÊME LES HABITANTS DES HAMEAUX LES PLUS RECULÉS... NON, DÉCIDÉMENT, QUELQUE CHOSE NE TOURNE PAS ROND.
ET VOUS QUI NE DITES PLUS RIEN DEPUIS DEUX HEURES, POUR ARRANGER LE TOUT. C'EST À VOTRE FEMME QUE VOUS PENSEZ ?
BEN, MA FEMME, J'M'EN FAIS PAS TROP... C'EST POUR NOUS, M'SIEUR RIO... J'ME DIS...

... ON EST P'T'ÊT' EN ENFER.
VOUS EN CONNAISSEZ BEAUCOUP, VOUS, DES ENFERS OÙ IL PLEUT COMME VACHE QUI PISSE ?
J'AI DÉJÀ TRAVERSÉ LE YEUN ELLEZ, M'SIEUR RIO, ET JE PEUX VOUS DIRE QUE LA TERRE NOIRE ÉTAIT GORGÉE D'EAU À EN VOMIR.
LE YEUN QUOI ?!
C'EST UNE TOURBIÈRE AU PIED DU MONT DE BRASPART.
DANS CE PAYS-LÀ, LORSQU'ON EST HANTÉ PAR UNE ÂME MAUVAISE, ON FAIT VENIR LE PRÊTRE CHEZ SOI POUR MÉTAMORPHOSER LE REVENANT EN CHIEN NOIR.
ON CONDUIT ENSUITE L'ANIMAL JUSQUE CHEZ LE RECTEUR EN PRENANT SOIN DE S'ARRÊTER DANS CHAQUE PRESBYTÈRE SUR LE CHEMIN.
ET QU'EST-CE QU'IL EN FAIT, LE RECTEUR, DE CE PAUVRE CHIEN ?
IL PREND SON ÉTOLE ET ACCOMPAGNE LA PERSONNE ET LE CHIEN AU CŒUR DU YEUN ELLEZ À LA TOMBÉE DE LA NUIT.
L'AFFAIRE N'EST JAMAIS SIMPLE, CAR LE REVENANT SE DÉBAT DE PLUS BELLE À CHAQUE PAS, ET CHAQUE FONDRIÈRE VOUS MENACE D'UNE MAUVAISE CHUTE.
LE RECTEUR, POUR ACCOMPLIR SA TÂCHE, PASSE SON ÉTOLE AUTOUR DU COU DU CHIEN NOIR ET LE PRÉCIPITE DANS LE MARAIS DES PORTES DE L'ENFER.
ET LA PAIX REVIENT CHEZ LES VIVANTS ?
C'EST CE QU'ON RACONTE.
EH BIEN ON RACONTE ET ON CROIT BEAUCOUP DE CHOSES DANS VOTRE PAYS !
QUELQU'UN A MANGÉ ICI IL Y A PEU. C'EST PLUTÔT BON SIGNE, NON ?
QU'EST-CE QU'IL Y A, JEAN-RENÉ ?
C'EST P'T'ÊT' LA FATIGUE QUI M'JOUE DES TOURS...
MAIS ON DIRAIT... CE SONT PAS DES OS D'ANIMAUX... NON... ON DIRAIT DES OS...
TAISEZ-VOUS, BON DIEU ! VOUS ALLEZ ME RENDRE FOU AVEC VOS CONNERIES !

ON... ON VA RESTER ICI CETTE NUIT. VOUS SAVEZ OÙ NOUS SOMMES ?
PAS TRÈS LOIN D'AURAY, JE DIRAIS.
CHARGEZ VOTRE FUSIL ET GARDEZ-LE À PORTÉE DE MAIN. ON VA ORGANISER DES TOURS DE GARDE, AU CAS OÙ...
APRÈS TOUT, SI C'EST BIEN LA GUERRE, IL NOUS FAUT ÊTRE PRÊTS À TOUT.
M'SIEUR RIO !
HUM...
LE FUSIL, NOS PROVISIONS, TOUT A DISPARU !
QUOI ?!
VOUS AVEZ DÛ VOUS ENDORMIR PENDANT LE TOUR DE GARDE. ILS NOUS ONT TOUT VOLÉ, À PART LA CORDE.
MERDE DE MERDE DE MERDE !

SI QUELQU'UN NOUS A DÉTROUSSÉS, ÇA VEUT DIRE QUE NOUS NE SOMMES PAS SEULS.
VOUS PARLEZ D'UNE BONNE NOUVELLE... 'Y A PLUS QU'NOUS ET DES CHAROGNARDS PAR ICI...
"PERSONNE ? TROUVEZ TÉLÉPHONE VANNES 20H"...
QUELQU'UN SAVAIT QU'ON SE RETROUVERAIT DANS CETTE SITUATION, QUELQU'UN A CHERCHÉ À NOUS PRÉVENIR, JEAN-RENÉ.
J'IGNORE CE QUI NOUS ATTEND LÀ-BAS, MAIS J'ENTENDS BIEN CONNAÎTRE LE FIN MOT DE CETTE HISTOIRE.
MOI, J'ESPÈRE JUSTE QU'ILS NOUS ONT PAS LAISSÉ LA CORDE POUR QU'ON SE PENDE AVEC.
'Y A QUELQU'UN ?!
QUELQU'UN ?!
ON VA BIEN FINIR PAR TROUVER UNE VILLE, JEAN-RENÉ. ON N'EST PAS TOUT SEULS, ICI...

EH BEN, SI ON DOIT RENCONTRER QUELQU'UN, C'EST MAINTENANT OU JAMAIS.
C'EST AURAY ?
OUAIS. ET EN CONTREBAS, C'EST SAINT-GOUSTAN.
À QUOI BON VOUS SIGNER ? VOUS CROYEZ VRAIMENT QUE LES SAINTS SE PRÉOCCUPENT DE NOTRE SORT ?
CHAIS PAS. EN TOUT CAS, SI 'Y EN A UN, C'EST BIEN SAINT-GOUSTAN.
Y VENAIT DE CORNOUAILLE, ET À DIX-HUIT ANS, IL A ÉTÉ ENLEVÉ PAR DES PIRATES. ILS L'ONT ABANDONNÉ SUR L'ÎLE D'OSSA APRÈS QU'Y SE SOIT BLESSÉ AU PIED.
POUR SURVIVRE, LE PAUV' GARS SE SERAIT CONTENTÉ D'UNE PORTION D'UN GROS POISSON, EN EN GARDANT CHAQUE JOUR POUR LE LENDEMAIN.
EH BIEN MOI JE NE ME CONTENTERAI PAS DE POISSON ! ON VERRA BIEN CE QUE... ?!
PAW!

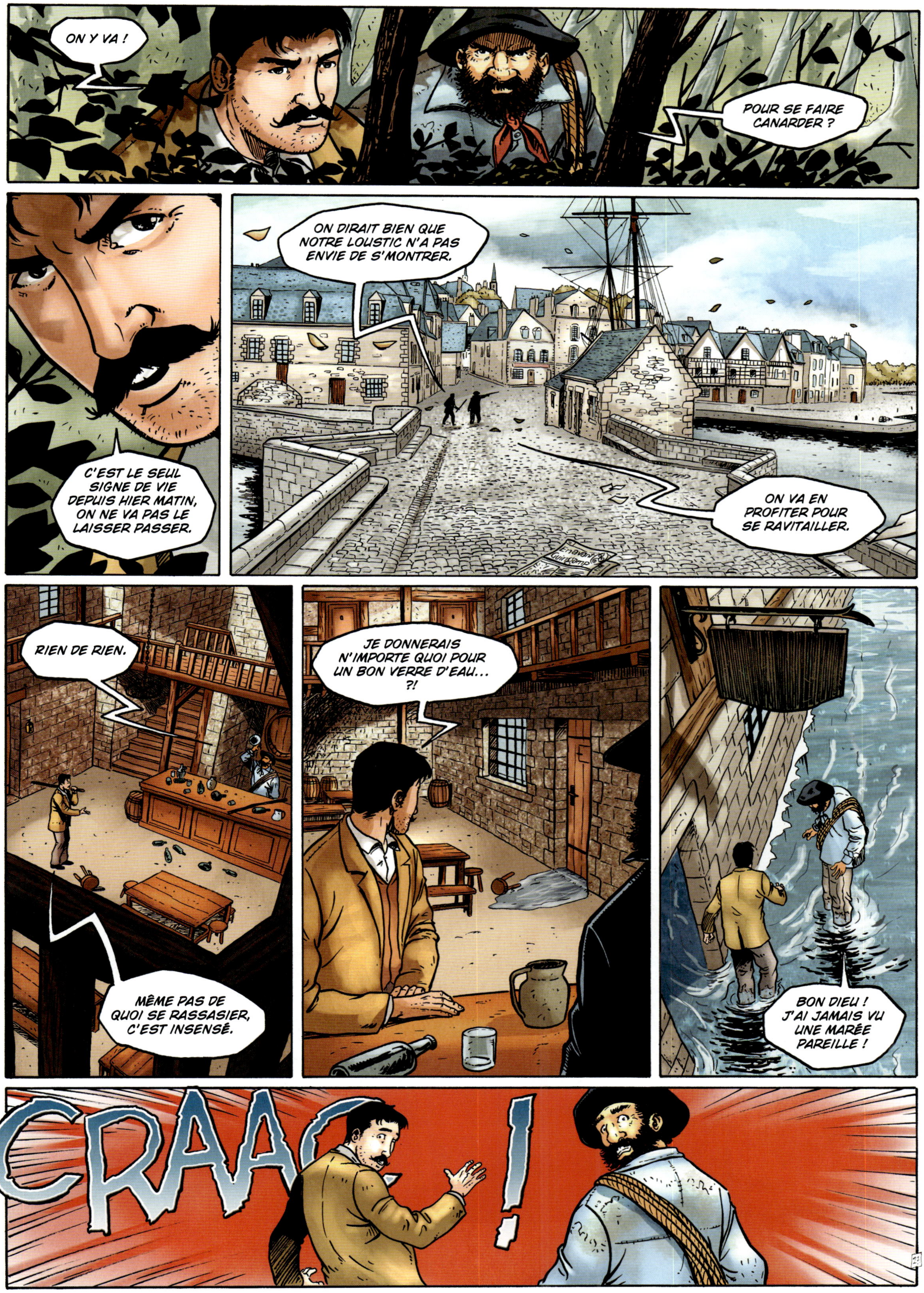
ON Y VA !
POUR SE FAIRE CANARDER ?
C'EST LE SEUL SIGNE DE VIE DEPUIS HIER MATIN, ON NE VA PAS LE LAISSER PASSER.
ON DIRAIT BIEN QUE NOTRE LOUSTIC N'A PAS ENVIE DE S'MONTRER.
ON VA EN PROFITER POUR SE RAVITAILLER.
RIEN DE RIEN.
MÊME PAS DE QUOI SE RASSASIER, C'EST INSENSÉ.
JE DONNERAIS N'IMPORTE QUOI POUR UN BON VERRE D'EAU... ?!
BON DIEU ! J'AI JAMAIS VU UNE MARÉE PAREILLE !
CRAAC !

À COUVERT !!
CRAAAC !
À L'ÉTAGE, JEAN-RENÉ !
C'EST PAS POSSIBLE ! ÇA SE PEUT PAS DES CHOSES PAREILLES !
CRAAAC !

VOTRE CORDE, JEAN-RENÉ, LANCEZ-MOI VOTRE CORDE !
UNG !

MER... MERCI...
ALLEZ, FAUT PAS TRAÎNER ICI, L'EAU CONTINUE DE MONTER !
MA JAMBE ME FAIT SOUFFRIR ATROCEMENT... JE CROIS BIEN QU'ELLE EST CASSÉE.
TOUT EST CASSÉ, ICI, MONSIEUR RIO... TOUT EST CASSÉ.

HUNG... JE PENSE QUE ÇA VA ALLER...
DITES-MOI, JEAN-RENÉ... EST-CE QU'UN ÉVÉNEMENT PAREIL S'EST DÉJÀ PRODUIT ICI ?
PAS QUE JE SACHE... MÊME PENDANT LES GRANDES MARÉES, ON A JAMAIS VU LA RIVIÈRE D'AURAY SORTIR À CE POINT DE SON LIT... VOUS POURREZ MARCHER ?
IL FAUDRA BIEN. VOUS VOUS SOUVENEZ DE CETTE HISTOIRE D'ÂME MAUVAISE QUE VOUS M'AVEZ RACONTÉE ?
POUR SÛR...
JE... C'EST LA DERNIÈRE CHOSE À LAQUELLE JE VEUX CROIRE, MAIS...
IMAGINEZ QUE J'AIE FAIT QUELQUE CHOSE DE MAL, DANS LE PASSÉ, ET QUE...
D'UNE MANIÈRE OU D'UNE AUTRE... JE SOIS MORT.
LE CHEMIN QUE NOUS EMPRUNTONS MAINTENANT, ON S'EST ARRÊTÉS À SAINT-GOUSTAN... UN ENDROIT SAINT... C'EST BIZARRE QUAND MÊME.
QUE... QU'EST-CE QUI VOUS PREND ?
VOUS L'AVEZ SENTIE, CELLE-LÀ ?
VOUS ÊTES BIEN VIVANT, VOUS ÊTES PAS UN CHIEN NOIR, ET MOI, JE N'AI RIEN D'UN CURETON.
C'QUE J'AI DIT, SUR LE YEUN ELLEZ, C'ÉTAIT HISTOIRE DE FAIRE LA CONVERSATION ! J'VEUX PAS ÊTRE MORT ! ET PAS AVEC VOUS !
31.

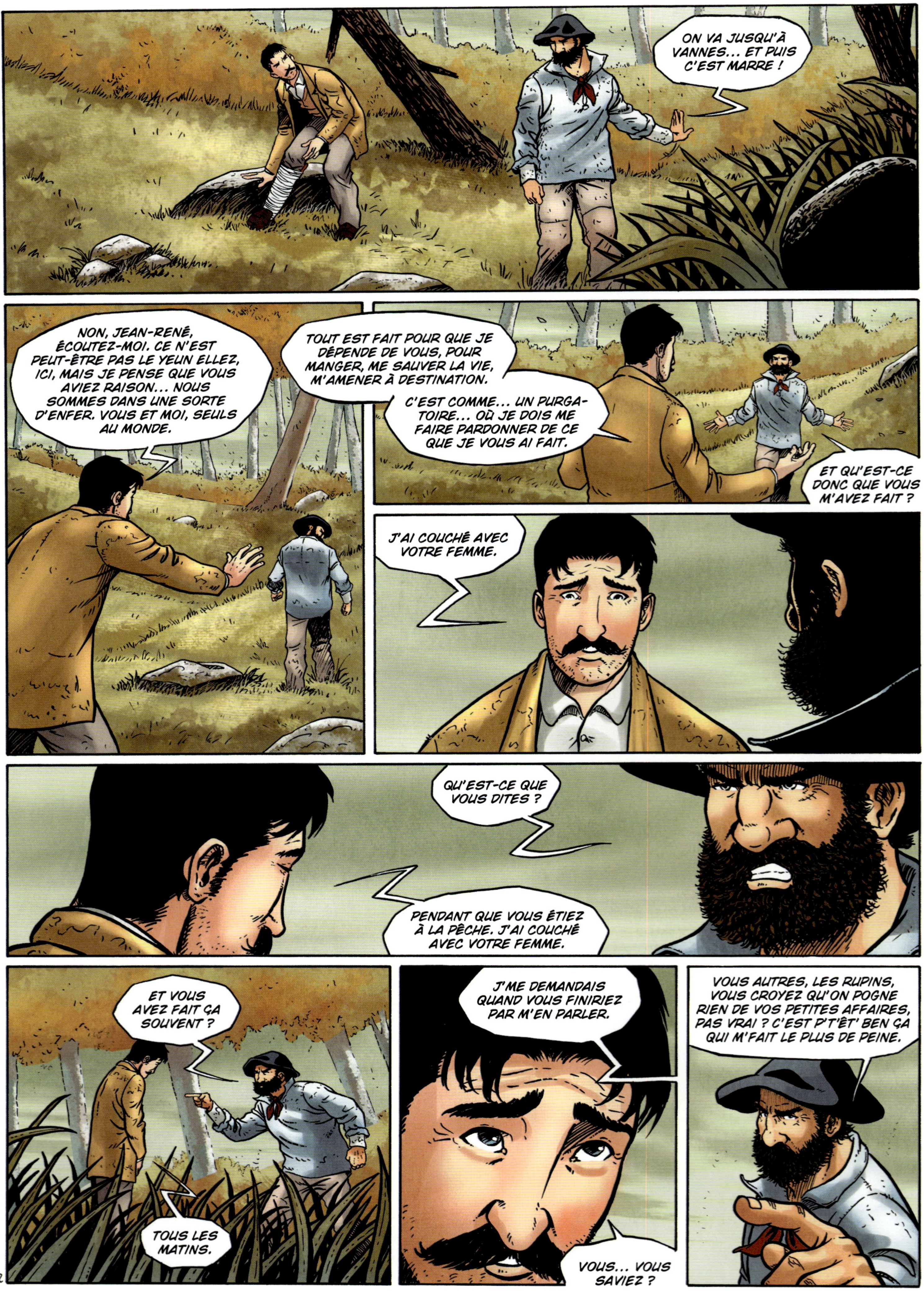
ON VA JUSQU'À VANNES... ET PUIS C'EST MARRE !
NON, JEAN-RENÉ, ÉCOUTEZ-MOI. CE N'EST PEUT-ÊTRE PAS LE YEUN ELLEZ, ICI, MAIS JE PENSE QUE VOUS AVIEZ RAISON... NOUS SOMMES DANS UNE SORTE D'ENFER. VOUS ET MOI, SEULS AU MONDE.
TOUT EST FAIT POUR QUE JE DÉPENDE DE VOUS, POUR MANGER, ME SAUVER LA VIE, M'AMENER À DESTINATION.
C'EST COMME... UN PURGATOIRE... OÙ JE DOIS ME FAIRE PARDONNER DE CE QUE JE VOUS AI FAIT.
ET QU'EST-CE DONC QUE VOUS M'AVEZ FAIT ?
J'AI COUCHÉ AVEC VOTRE FEMME.
QU'EST-CE QUE VOUS DITES ?
PENDANT QUE VOUS ÉTIEZ À LA PÊCHE. J'AI COUCHÉ AVEC VOTRE FEMME.
ET VOUS AVEZ FAIT ÇA SOUVENT ?
TOUS LES MATINS.
J'ME DEMANDAIS QUAND VOUS FINIRIEZ PAR M'EN PARLER.
VOUS... VOUS SAVIEZ ?
VOUS AUTRES, LES RUPINS, VOUS CROYEZ QU'ON POGNE RIEN DE VOS PETITES AFFAIRES, PAS VRAI ? C'EST P'T'ÊT' BEN ÇA QUI M'FAIT LE PLUS DE PEINE.

VU QUE VOUS ÊTES PLUS MALIN QU'UN PAUV' PÊCHEUR, VOUS SAUREZ CERTAINEMENT SORTIR DE CET ENDROIT TOUT SEUL.
JEAN-RENÉ, NE ME LAISSEZ PAS ICI !
À DIEU VAT, M'SIEUR RIO, À DIEU VAT.
JEAN-RENÉ !
JEAN... UNG !

34.

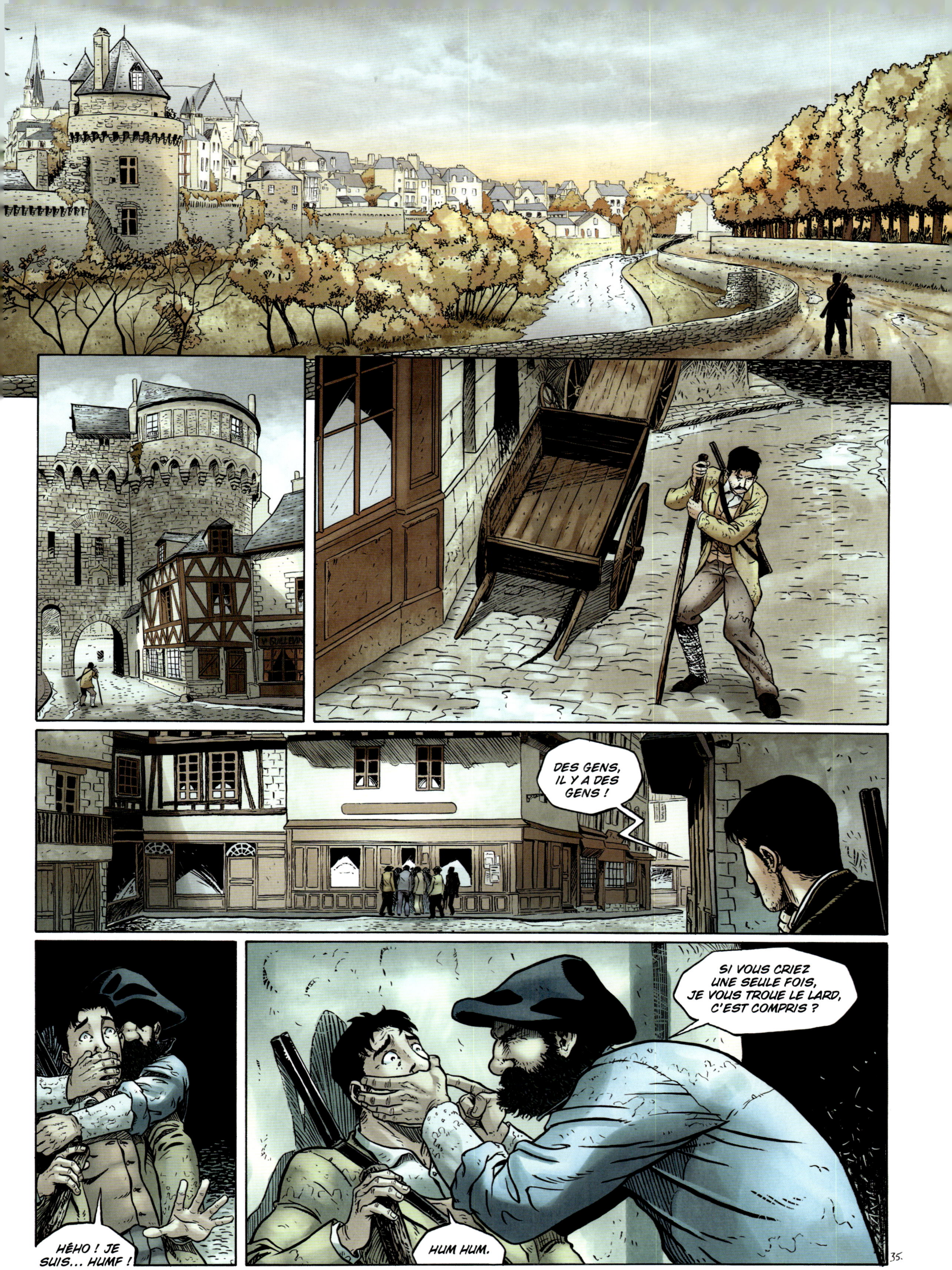
DES GENS, IL Y A DES GENS !
HÉHO ! JE SUIS... HUMF !
SI VOUS CRIEZ UNE SEULE FOIS, JE VOUS TROUE LE LARD, C'EST COMPRIS ?
HUM HUM.
35.

QUE... QU'EST-CE QUI VOUS PREND, ESPÈCE DE MALADE ?
VOUS AVEZ DÉCIDÉ DE ME TUER AVANT QU'ON RETROUVE DU MONDE, C'EST ÇA ?
FERMEZ VOTRE GUEULE, ET REGARDEZ DANS QUOI VOUS VOUS APPRÊTIEZ À VOUS JETER !
REGARDEZ !
QUE... JE NE COMPRENDS PAS... JE...
CES CHOSES NE SONT PAS VIVANTES...
... CE SONT LES NOYÉS DE LA BARRE !
LES... NOYÉS... DE... LA... BARRE... LES ÂMES QUI N'ONT PAS TROUVÉ LE REPOS... NON... CE N'EST PAS POSSIBLE.
JE LES OBSERVE DEPUIS DES HEURES. CROYEZ-MOI, CES CRÉATURES DU DIABLE SONT BIEN RÉELLES.
SI ÇA N'AVAIT TENU QU'À MOI, J'AURAIS PRIS MES JAMBES À MON COU... MAIS J'ME SUIS DIT QU'Y AVAIT PLUS QU'VOUS ET MOI, ICI...
QUANT À EUX, ILS RESTENT CERTAINEMENT LÀ POUR UNE BONNE RAISON.
NOUS EMPÊCHER D'ATTEINDRE LE TÉLÉPHONE...
C'EST C'QUE J'ME SUIS DIT. ALORS ON LAISSE LES RANCUNES DE CÔTÉ POUR L'INSTANT...
... ET ON ESSAYE DE... AARGH !
JEAN-RENÉ ?!
36.

IL EST EN TRAIN DE M'BOUFFER !
BON DIEU ! ILS ARRIVENT DE PARTOUT !
TIREZ ! TIREZ !
J'AI PEUR DE VOUS TOUCHER !
PAW !
UNG !
JE L'AI RATÉ ?!
SALOPERIE DE FUSIL !
SALOPERIE DE NOYÉ !
VENEZ, ANDRÉ, VENEZ !
37.

AAAARH !
AU BUREAU DE POSTE, JEAN-RENÉ !
ÇA VA PAS, NON ? JE QUITTE CET ENDROIT DE CAUCHEMAR !
ON LE SAIT TOUS LES DEUX, NOTRE SEULE ISSUE, C'EST CE FOUTU TÉLÉPHONE !
?!
BUREAU DES POSTES
AU DES POSTES - TELEGRAPHE - TELEPHON
C'EST MAINTENANT OU JAMAIS !
SPO !
CRAAAC !

ILS ARRIVENT SUR NOUS !
BARRICADEZ LA PORTE !
RHEU RHEU...
39.

DRIIING DRIIING
ALLÔ ?! QUELQU'UN !
ANDRÉ ?
JE... JE VAIS PAS TENIR LONGTEMPS !
C'EST... C'EST VOTRE FEMME !
MA FEMME ?! QU'EST-CE QU'ELLE DIT ?
RÊVEILLE-TOI, MAINTENANT, ANDRÉ !
RÊVEILLE-TOI !
40.

IL SAIT POUR NOUS !
IL... IL EST FOU !
À QUEL MOMENT M'AVAIT-IL ASSOMMÉ ?
LA MARÉE VA MONTER, ANDRÉ ! ELLE VA NOUS SUBMERGER !
SOUDAIN, TOUT DEVENAIT LIMPIDE. ME RENDRE À VANNES... M'ÉLOIGNER DE LA MER... DE CE DOUX DINGUE...
SAINT-GOUSTAN, ABANDONNÉ SUR UNE ÎLE...
L'EAU QUI MONTAIT DANS LES RUES... LA CORDE NOUÉE À MA JAMBE... LES NOYÉS DE LA BARRE. OUI, TOUT ÉTAIT CLAIR, PRESQUE RASSURANT.
IL N'Y AVAIT PAS DE YEUN ELLEZ... ET JEAN-RENÉ N'ÉTAIT PAS LE SEUL À POUVOIR ME SAUVER.
41.

?!
MAIS, QUE...

JEAN-RENÉ ! REVENEZ ICI !
JEAN-RENÉ !!
ON VA MOURIR, BON DIEU, ON VA MOURIR.
JEAN-RENÉ ! PITIÉ !
43.

TA FEMME EST TOUJOURS PAS REVENUE DE CHEZ SA COUSINE ?
P'T'ÊT' BEN QU'ELLE ÉTAIT CONTENTE DE REVOIR SON COUSIN !
HAHAHA !
?!
44.

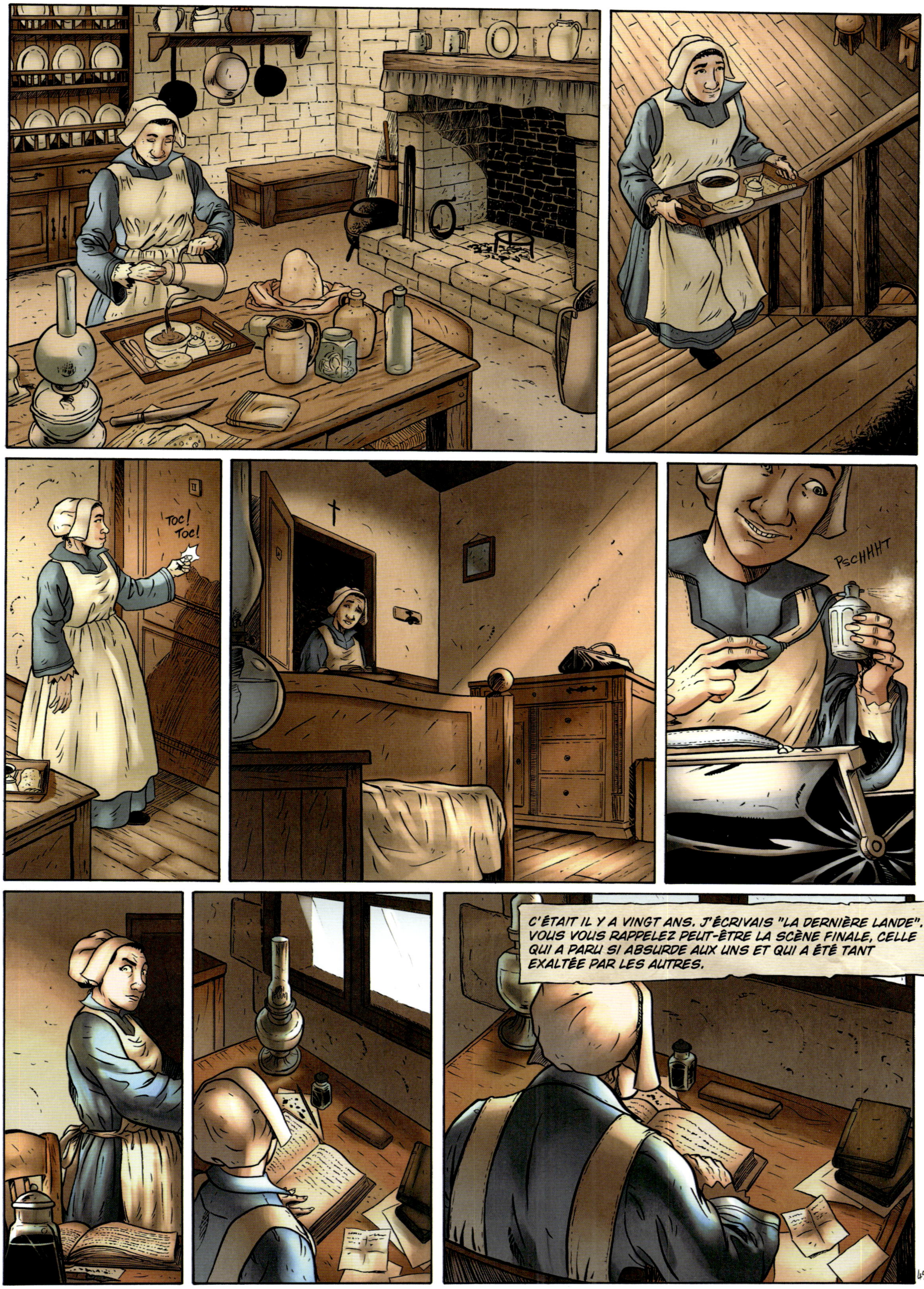
TOC! TOC!
PSCHHHT
C'ÉTAIT IL Y A VINGT ANS. J'ÉCRIVAIS "LA DERNIÈRE LANDE". VOUS VOUS RAPPELEZ PEUT-ÊTRE LA SCÈNE FINALE, CELLE QUI A PARU SI ABSURDE AUX UNS ET QUI A ÉTÉ TANT EXALTÉE PAR LES AUTRES.

JE LUI VOULAIS UN CADRE EXTRAORDINAIRE QUI FÛT EN RAPPORT AVEC L'ÉTRANGETÉ DE LA SITUATION.
JE PARTIS DONC POUR LE MORBIHAN, ET M'INSTALLAI TANT BIEN QUE MAL DANS UNE CHAMBRE D'AUBERGE, À ÉTEL. JE SAVAIS QUE JE TROUVERAIS LÀ, DANS TOUTE SON HORREUR, LE PAYSAGE TRAGIQUE DONT J'AVAIS BESOIN.
VOUS EN AVEZ LU LA DESCRIPTION DANS MON LIVRE ; SOYEZ TRANQUILLES, JE N'AI NULLE ENVIE DE LA RECOMMENCER DE VIVE VOIX.
IL FAUT CEPENDANT QUE JE VOUS DISE QU'ON ÉTAIT AUX DERNIERS JOURS D'OCTOBRE. LES AUTOMNES DE BRETAGNE SONT SOUVENT ADMIRABLES. DE FAÇON GÉNÉRALE, D'AILLEURS, LES SAISONS DE TRANSITION ONT, DANS LES CONTRÉES OCCIDENTALES, UN CHARME SINGULIÈREMENT DOUX ET SUBTIL.
CETTE ANNÉE-LÀ, IL FAISAIT UN TEMPS EXCEPTIONNEL SUR LA RIA, QUI EST POURTANT À CETTE ÉPOQUE UN NID DE TEMPÊTES. LA MER, D'UNE MAJESTÉ UN PEU MASSIVE, COMME ALOURDIE, GARDAIT ENCORE À SA SURFACE DE GRANDES MOIRES DÉLICATEMENT NUANCÉES.
FIN.
DEBOIS
LACROIX
10 · 2011